Gerda Benz

Von Schweinevesper und Lachramfteln

Kleine Kulturgeschichte
der schlesischen Guttschmecke

Husum

Umschlagbild: Nicolaus Peters, Stillleben
(Abdruck mit freundlicher Erlaubnis der Städtischen Museen
und Sammlungen, Flensburg)

Textillustrationen: Johannes Hinz

Die Deutsche Bibliothek – CIP-Einheitsaufnahme

Benz, Gerda:
Von Schweinevesper und Lachramfteln : kleine Kulturgeschichte der
schlesischen Guttschmecke / Gerda Benz. – Husum : Husum, 1998
  (Husum-Taschenbuch)
  ISBN 3-88042-830-1

© 1998 by Husum Druck- und Verlagsgesellschaft mbH u. Co. KG,
  Husum
Satz: Fotosatz Husum GmbH
Druck und Verarbeitung: Husum Druck- und Verlagsgesellschaft
Postfach 1480, D-25804 Husum
ISBN 3-88042-830-1

Bauernbissen

Mein Vater war aus Oberarnsdorf Krs. Schweidnitz. Einer seiner Onkel war Müllermeister und bewirtschaftete eine Bockwindmühle, wie sie in Schlesien üblich war. Sie stand am oberen Ende des Bauerndorfes auf dem Windmühlberge, auf dem einmal der Keller-Paul gelegen hatte. Die Windmühlen brauchten Berge oder wenigstens Erhöhungen, damit jedes Lüftchen als Kraft ausgenutzt werden konnte.

Gern war der kleine, noch nicht schulpflichtige Bursche bei seinem Onkel in der Mühle. Da gab es viele Abwechslungen und eine gute Aussicht; es entwickelte sich eine enge Beziehung und die beiden spazierten gern durch die Felder. Dabei legte der Onkel seine Hände auf den Rücken und ging mit langen Schritten über die Raine und Wege. Der kleine Knirps tat es ihm nach und die Verwandtschaft hatte ihren Spaß an diesem ungleichen Gespann.

Diese Körperhaltung behielt mein Vater sein Leben lang bei unseren Feldspaziergängen bei. Die langen Schritte habe auch ich mir angewöhnt.

Dieser Onkel hatte noch eine andere sehr liebenswerte Eigenheit. Er war unverheiratet und buk selbst einen ganz einfachen Lebkuchen nach einem Bauernrezept. Vater schwärmte noch im Alter von diesen „Bauernbissen"; es dauerte sehr lange, bis ich in den Besitz des Rezeptes kam, das ich wegen seiner Köstlichkeit gern weitergebe:

Man braucht dazu:
1 Pfund Roggenmehl, 250 g Sirup, 125 g, Zucker, $^1/_8$ l Buttermilch, 1 gehäufter Teelöffel Natron oder Backpulver und etwas Fenchel als Gewürz.
Sirup und Zucker heiß machen. Nach dem Abkühlen die andern Zutaten dazugeben, den Teig kneten und in Kugeln nebeneinander auf das Backblech setzen. Wie andere Lebkuchen backen. In einer verschlossenen Dose aufbewahren.

Der Geschmack wird von der Mischung aus Buttermilch und Roggenmehl bestimmt. Damit Sie wissen, wie
viel solcher Leckereien es in Schlesien gab, eine alte Zu-
sammenstellung von Karl Rother:

Oa viel Uurta hoots besondere Gebäcksel, die nooch da
Lächarn ihre Nooma hoan: *Liegnitzer Bomben, Neisser
Konfekt.*
Ob ei Uttmachau nooch der „Soale Hannes" Mode ies,
weeß ich nee. Aus der Woarthe kumma die *Woarthekren-
gel,* aus weesnem Mahle wie a Kranz, an de *Woarthepussa-
la,* die sein goar schien merbe and kam asu gruß wie a
Markstickla aus Fafferkuchateege.
Franksteener Pauernbissa sein au aus Fafferkuchateege,
äben asu de *Reichsteener Floster-Steene.* Die derinnarn
mit ihrer Äberfläche oa de Kotzakeppe vum Strooßapfloster.
Potschker Tohla sein a Sammelgebäcksel mit Auga vu
Rusinka. Bekannt sein de *Wormbrunner Tollsäcke,* de
Trebnitzer Strumpsohln an de *Breslauer Prassel-Kucha.*
Goar beriehmt sein de *Gnadenfreier Fafferminzkichla.*
An ei der Foste hoots iebroal kleene runde *Bägel.*
Die worn ei Franksteen schun m verzenda Joahrhunder-
te beriehmt. Goar vunt de grußa an klenn *Striezel* an de
Mohkliessla zu Weihnachta !

Eine Gebäckbezeichnung möchte ich erklären, weil sie
niemand mehr versteht: der „Soale Hannes" aus Ottmach-
au. Damit ist ein Gebäck aus Mehl.zweiter Klasse gemeint,
graues Mehl, zu dem das Getreide nicht gut gereinigt war.
„Soale" bedeutet das französische Wort für schmutzig =
sale. Die Bezeichnung stammt also aus der Zeit der Napo-
leon-Kriege, als es viele Franzosen in Schlesien festgehalten hatte und das so genannte „schläsche Französisch" entstand.
Erstaunlich ist, dass von den Spezialitäten sehr viele aus
Lebkuchenteig bestehen. Man verbrauchte viel Honig. Das

ist auch erklärlich, weil die deutschen Siedler Schlesiens in ein Waldland kamen, in dem sich weit verstreut kleine Sippensiedlungen hinter Grenzverhauen versteckten. Die Menschen waren noch weitgehend Jäger und Sammler von Wild, Beeren, Pilzen und Honig. Durch die Kolonisation trat eine Änderung ein, wonach dann der Honig zusammen mit Pelzen und Wachs als begehrtes Handelsgut weiter aus dem Osten kam.

Im 18. und 19. Jahrhundert wurde vom preußischen Staat sehr darauf geachtet, dass in den Dörfern für ausreichende Bienenweiden gesorgt wurde. Vor jedem schlesischen Schulhaus standen zwei große alte Lindenbäume, sie waren so ungefähr um 1800 gepflanzt worden. Und viele der schlesischen Lehrer imkerten selbst und lehrten es die Dörfler.

Schlesien war also ein Land, in dem es immer viel Honig gab. Und ehe der Rübenzucker allgemeines Handelsgut war, brauchte man den Honig zum Süßen, und so entstanden die vielen unterschiedlichen Lebkuchenrezepte.

Mit dem Rübenzucker kam aber auch der „Rübensirup", auch kurz und bündig „Saft" genannt. Auf dem Dorf kochte jede Familie ihren Saft. Es war der billigste Brotaufstrich, den es gab. Sicher machte es viel Arbeit, die Rüben zu scheuern, zu kochen, zu pressen und dann den Saft auf die nötige Dicke einzukochen. Aber nichts geht über frisch gekochten Rübensirup. Ganz leckerfetzige Leute aßen ihn auf der Quarkschnitte!

Und er wurde zum Honigersatz bei der Herstellung von Pfefferkuchen!

Schüttelpflaumen

Ein in unsrer Familie gern gegessener Nachtisch sind Schüttelpflaumen. Niemand kannte in meiner näheren Umgebung das Rezept; später fand ich Schlesier, die wussten, was ich meinte. Das Rezept war in keinem Kochbuch zu finden. Es handelt sich um ein uraltes Rezept, denn es verwendete zur Haltbarmachung eine überlebte Methode. Wie alt sie wirklich ist, begriff ich erst sehr viel später über einen merkwürdigen Weg:

Lange Zeit beschäftigte ich mich mit meinem Geburtsort Kamin. Ich suchte nach einer Erklärung des Namens. Das gängige, auch den Polen genehme Kamin = Stein = slav. kemin, überzeugte mich nicht. Es gab da eine Vorform: Chomma, die das Schema sprengte, da Lautverschiebungen sich in strengen Regeln vollzogen. Aber wo kam der Name her?

Da stieß ich auf den Sprachwissenschaftler Hans Bahlow, einen geborenen Liegnitzer, der sich mit nicht erklärbaren Namen beschäftigte. Und bei dem Ortsnamen „Kamen" erkannte er die Verwandtschaft der Namen: die Silben cam - com - cum erklärte er als „Keltische Wasserworte". Nun, das passte auf Kamin ganz vorzüglich, ist doch diese Ansiedlung in vorgeschichtlicher Zeit auf einer Erhebung mitten in einem Sumpfgebiet erbaut worden.

Dann erzählte er auch noch von der Silbe „cam", sie würde auf dem Balkan heute noch verwendet als Bezeichnung für den Schaum, der auf vergorenen Lebensmitteln entsteht. Wir brauchen aber gar nicht auf den Balkan zu gehen, auch im Schlesischen und im Mitteldeutschen finden wir diese Bezeichnung für den Schaum auf Kraut oder dem schlesischen Jungbier oder den Liegnitzer Gurken. Und eben auch auf den Schüttelpflaumen entsteht dieser Gärschaum.

Es handelt sich also um die uralte Methode, Pflaumen für den Winter zu konservieren. Ca. 2000 Jahre alt.

Die gut ausgesuchten ganzen Früchte werden in einen Topf getan und mit einem Pfund Zucker und einer Tasse Essig für 5 Pfund Pflaumen überschüttet. Sie stehen in der Küche mit einem reinen Tuch überdeckt. Jeden Tag müssen die Pflaumen nun geschüttelt werden, damit sie alle gleichmäßig feucht werden. Nach ein paar Tagen entsteht der erste Schaum. Am neunten Tag wird der Saft in einen Kochtopf geschüttet und zum Sieden gebracht. Portionsweise werden die Pflaumen in dem Saft gekocht, bis die Häute platzen.

In Schlesien wurden sie in einem sauberen, ausgeschwefelten Tontopf verwahrt und hielten sich den ganzen Winter. Nun werden sie in Einkochgläsern kurz sterilisiert.

Sie schmecken ausgezeichnet, denn durch die Gärung haben sie eigenen Alkohol entwickelt, und der bewirkt den einzigartigen guten Geschmack und auch die Haltbarkeit.

Dazu kommt dann noch der ganze Kern im Innern der Pflaume, der ein Mandelaroma abgibt.

Dass es dieses Umweges der Erklärung des Ortsnamens bedurfte, bis ich über keltische Bezeichnungen und den Balkan zu dem Gärschaum „kam" auf unsren altmodischen Schüttelpflaumen kam, machte mich vergnügt. Ich hatte das Wort „Kam" für den Gärschaum immer nur gesprochen erlebt, nie geschrieben. So war die Verwechselung mit dem „Kamm" erklärlich.

Blaukrautsalat

Mein Großvater, August Schneider, war ein welterfahrener Mann. Sein Betrieb, bestehend aus Bäckerei, Mühle und Landwirtschaft, wurde von seiner Frau geführt. Er selbst hatte immer gute Pferdegespanne und handelte auch gern damit mit den Magnaten der Umgegend, den Malzahns und Hochbergs u. a. Von seinen Reisen brachte er oft einzelne Gerichte mit, die er gern aß. Da in dem großen Haushalt – es waren allein neun Kinder, mit den Bäckergesellen, den Müllergesellen und dem Personal für die Landwirtschaft und zu Anfang einer Großmutter – Leckereien nicht üblich waren, probierte er die neuen Gerichte selbst aus. Dann schnitt er eben das Blaukraut zu einem sehr ausgefallenen Salat selbst.

Genauso war es, wenn das Sauerkraut eingeschnitten wurde. Aus den geschälten Krautstrünken, die in ganz feine

Das Kraut muss ganz fein geschnitten werden; dann wird es eingesalzen und ein paar Stunden stehen gelassen. Die kräftig ausgedrückten Bällchen werden fein zerzupft, mit Pfeffer und ganz fein geschnittenen Zwiebeln vermengt und mit saurer Sahne zubereitet. Er schmeckt einmalig gut, dieser Großvatersalat!

Blätter geschnitten waren, wurde auf die gleiche Weise ein wunderbarer Salat gezaubert.

Fürwahr, Großvater hatte eine feine Zunge!

Wenn man bedenkt, dass dieses um die Jahrhundertwende kulinarische Geschichte machte, dann war das eine erstaunliche Zeit. Dass dieser gaumenfreudige Ahnher alle seine sechs Töchter um 1900 nach Breslau in die Haushaltsschule des Frauenbildungsvereins schickte, war mehr als fortschrittlich. Gewiss mit einem Hintergedanken: denn Schneidern lernten die Töchter auch. Und geheiratet haben sie dann alle.

Leinöl

Über Jahrhunderte war in Schlesien Leinöl das Haushalts-
fett. In einem Land, das so von der Leinenindustrie lebte
wie Schlesien, war es das am leichtesten zu erhaltene Le-
bensmittel. Denn auf den ärmeren Böden des Landes
wuchs der Lein (linum usitatissimum = die viel zu gebrau-
chende Pflanze).

Lange habe ich nach Rezepten zum Verbrauch von
Leinöl gesucht. Es gibt keine! Nur von Quark mit Leinöl
wurde immer wieder gesprochen. Weil Leinöl das Haus-
haltsfett war, gibt es keine Kochvorschriften dazu. Oder
haben Sie schon einmal Margarinerezepte gefunden? Das
ist die vergleichbare Situation.

Es wurde erzählt, dass die frisch gepressten Leinölku-
chen süßlich nach Nüssen schmecken; Kinder naschten sie
gern und die Mütter waren dagegen. Erstaunlich ist nur,
dass unsre Diät-besessene Welt dieses Öl noch nicht entdeckt hat mit seinem großen Anteil an ungesättigten
Fettsäuren. In Restschlesien und vor allem auch im Spree-
wald schätzt man es noch sehr.

Hier nun ein paar Volksgenüsse aus der Lausitz, zusam-
mengestellt von Hans W. Fischer vor dem letzten Krieg:
- Quark und Leinöl mit Zwiebeln und Schnittlauch ange-
  macht;
- Heringe mit Milch und Zwiebeln mariniert und von
  goldgelben Leinölaugen überglänzt;
- Kartoffelsalat mit diesem Goldschimmer;
- Puffer in Leinöl gebacken;
- schließlich ganz einfach ein Stück Brot oder eine Schrip-
  pe mit frischem Leinöl bestrichen und mit Salz oder
  Zucker bestreut, lauter bescheidene Genüsse, aber wer
  mit ihnen groß geworden ist, dem bedeuten sie ein Stück
  Heimat, die man nie vergisst.

Aus der Oberlausitz stammt das Sprichwort:
Guttschmecke macht Battlsäcke; Soatmache ja doas is
Sache.

Hier die „Äberlausitzer Gelistigkeeta":

> Braiglsaalz – Gutt erhaals!
> Sirupquork – dar macht stork!
> Leinölkraut – gutt verdaut!
> Gritzewurscht – krigst de Durscht!
> Gibt's ock ees – soat werd kees;
> Frißt de olls – kimmst im Hols!

Braiglsaalz: Fett (Butter, Speck oder Öl) und Mehl werden in einer Pfanne gebrutzelt und als Stippe zu Kartoffeln gegessen.

A Schaichl Heeßn hinderm Assn
werd der wull kee Mensch vergassn.

Mächsel

Wissen Sie, was das Wort bedeutet? Man muss eine Wortreihe bilden: Anmachen = Anmachsel = Machsel = Mächsel. Eine ganz „schlesische" Entwicklung. Gemeint ist damit ein Fettgemisch, das als Kochfett benutzt wurde. Meine Mutter ließ Schweineschmalz, Margarine und Rindertalg zu gleichen Teilen zusammen heiß werden. Dieses Fett wurde dann für Einbrennen zum Andicken von Suppen und Gemüse benutzt. Ich habe festgestellt, dass der Talganteil dem „Mächsel" eine eigne abrundende Geschmacksnote verleiht. Aus der schlesischen Küche ist Mächsel und dieser Geschmack nicht wegzudenken.

Im Norden Schlesiens wurde auch einfacher Brotaufstrich so bezeichnet.

Wompakitte

Dafür gab es noch verschiedene andere Namen: Apernapap-
pe, Kartoffelsterz, Rührkartoffeln, Stampfkartoffeln, Kartoffelbrei. Es gab auch den Ausdruck Grumbeern und
Arappel, also Grundbirne und Erdapfel. Mutters Hausperle
nannte sie „Dürre Kartoffeln". Das Gericht war ein belieb-
tes Sommeressen zusammen mit Buttermilch oder Schlip-
permilch. Es war für die bei der Ernte geplagte Bauersfrau
ein schnelles Essen. Wenn dann noch grüner Salat, mit
Rauchspeck zubereitet, dazukam, war es ganz vorzüglich.

Es waren aber auch keine Fertigprodukte, die es heute so
gibt, sondern es wurde darauf gesehen, dass besonders
schmackhafte Esskartoffeln angebaut wurden. Dazu kam
dann die Verarbeitung:

Mit Milch wurde der Kartoffelbrei sämig gerührt und
als Geschmack kam dazu fein geschnittener und ausge-
lassener fetter Speck und fein geschnittene Zwiebeln.
Das war an heißen Tagen ein gutes Gericht !

Für gute Esskartoffeln wurde von allen Dorfbewohnern
gesorgt. So gab es in meinem Heimatdorf lange Zeit eine
„Rucksackkartoffel". Irgendein Dorfbewohner hatte die
ersten Saatkartoffeln dieser Sorte von einer Fahrt über
Land von irgendwoher im Rucksack mitgebracht. Davon
hatten sie ihren Namen. Die Kartoffel war gut und sie wurde von allen Leuten gern angebaut und verspeist. Denn die
Schlesier hatten eine besondere Vorstellung davon, wie eine gute Kartoffel schmecken muss.

Die Kartoffel war für Schlesien, genauso wie für das
ganze Land Preußen zur Zeit ihrer allgemeinen Ein-
führung, ein ganz wichtiger Wirtschaftsfaktor. In der Lausitz wurde sie um 1740 bereits angebaut. Es gab in Schlesien auf der rechten Oderseite und im Westteil Landstri-

che, für die sie hätte extra erfunden werden müssen. Und der alte Fritz sah diese Vorteile sehr wohl. Ihm lag an der ausreichenden Ernährung der Bevölkerung. Man denke bloß an Brandenburg, „des heiligen Deutschen Reiches Streusandbüchse", und an Hinterpommern, „das Kartoffelfeld der Preußischen Könige".

So aß er, der Sage nach, den Schlesiern auch die Kartoffel vor. Man mochte sie nicht, weil man aus Unwissenheit die Samen gegessen hatte und das Frieseln, eine Solanin-Vergiftung, bekam.

In den angrenzenden Ländern Polen und Russland hießen und heißen die Knollen Kartoffeln.

Nur in der tschechischen Sprache gibt es eine Ausnahme, dort gibt es das Wort „brambor" dafür. Heißt sie da nach dem Mann, der dieser Frucht in Ostdeutschland den Weg ebnete, nämlich nach Friedrich dem Großen, dem „Brandenburger"? Möglich wär's!

Großmutters Brotsuppe

Lange Zeit habe ich versuchen müssen, bis ich Großmutters Brotsuppe mit dem richtigen Geschmack kochen konnte.

Jedes Jahr in den Sommerferien fuhren wir zu den Großeltern ins Waldenburger Gebirge. Für mich war das beste Gericht die Brotsuppe, die es als Frühstück gab. Die Vorräte des Hauses waren im „Gewölbe" gegenüber der Küche untergebracht. Ein gewölbter Raum mit kleinen Fenstern, der im Sommer wunderbar kühl war; gern ging ich mit hinein, wo es so herrlich nach Milch und Brot und Butter duftete.

Für die Brotsuppe schnitt Großmutter feine dünne Scheibchen mehrere Tage alten Brotes in eine große Tonschüssel. Das alte Brot ließ sich besser als frisches schneiden. Darüber kam eine Prise Salz und ein Brinkel Kümmel. Mit wenig kochendem Wasser wurde das Brot befeuchtet. Dann nahm Großmutter die Milchgelte und wir gingen zusammen in den Stall zu den Kühen. Großmutter molk so viel Milch, wie sie zum Frühstück brauchte. In der Küche wurde dann die melkfrische Milch über das Brot gegossen. Noch heute habe ich diesen Geschmack auf der Zunge als ein Stück Heimat.

Ich weiß heute, dass das die Morgensuppe war. Sonst wurde diese Art mit etwas Knoblauch und einer Prise Butter und heißem Wasser zubereitet. Vereinzelte kleine Fettäuglein mussten auf der Suppe schwimmen. Familien, die weder Kuh noch Ziege hatten, aßen diese Art auch am Morgen. Daniel Stoppe aus Hirschberg hat dazu Folgendes geschrieben:

Aria auf die Kümmelsuppe

Kümmelsuppe, du mein Leben,
du mein Labsal auf der Welt!
Dir, dir bin ich stets ergeben,
weil mir dein Geschmack gefällt.
Schade vor das Weltgetümmel
und das Schmausen unsrer Stadt!
Hab ich Wasser, Brot und Kümmel,
supp ich mich mit Freuden satt.

Bin ich von Geburt kein Schwabe,
dessentwegen supp ich doch;
wenn ich nur zu suppen habe,
weiter brauch ich keinen Koch.
Austern, Lachse, Frösche, Schnecken
sind für andre, nicht für mich.
Speisen, die zu künstlich schmecken,
sind der Nahrung hinderlich.
Suppen sind ein leichtes Essen,
das den Beutel nicht beschwert:
hat man auch gleich viel gegessen,
hat man doch nicht viel verzehrt.
Kann ich nur den Löffel heben,
so befracht ich ihn recht gut;
brauch ich doch kein' Fuhrlohn geben,
weil's die Hand umsonste tut.

Weil ich noch das Leben habe,
supp ich meine Schüssel leer;
Bei den Vätern in dem Grabe
suppt man ohnedem nicht mehr.
Kann ich keine Schätze heben,
ach, so supp ich doch mit Lust:
Kümmelsuppen sind mein Leben
und das Labsal meiner Brust.

Daniel Stoppe, Webersohn, geb.1697 in Hirschberg,
Student in Leipzig, später Konrektor.

An diesen Brotsuppen erkennt man, wie wichtig in früherer Zeit das Brot und damit das Getreide war. Friedrich der Große hat kurz vor seinem Tod noch eine Kabinettsorder erlassen, nach der in den schlesischen Dörfern „Urbare" angelegt werden sollten, damit man Unterlagen für die Streitereien zwischen Bauern und Gutsherrn hatte. Leider sind nicht in allen Dörfern diese Listen angelegt worden. Aber die, die vorhanden sind, klären uns über die Dorfverhältnisse auf und insbesondere auch über die Essgewohnheiten der Schlesier. Und die waren vor dem Anbau der Kartoffeln in den ärmeren Gegenden nicht sehr großartig. In den schlechtesten Gegenden gab es für die Untertanen nur an den höchsten Feiertagen im Jahr Fleisch zur Ernährung. Zum Getreide – Roggen, Weizen, Hafer, Gerste – rechnete man damals auch Hirse und Buchweizen, im Schlesischen „Heidegraupe" genannt. Ansonsten gab es noch Kraut, Rüben, Erbsen, Bohnen, Linsen und das, was die Natur sonst noch hergab. Wenn man das bedenkt, ist zu verstehen, dass die Menschen manchmal träumten. Und so entstand wohl der „*Schlesische Bauernhimmel*":

Schläs'scher Pauernhimmel

Wenn mer warn ei a Himmel kumma,
hoot die Ploog a End genumma.

Ei dam Himmel is a Laba,
nischt zer frassa wie Kucha und Baba.
Gruße Brute wern mer assa
und dos Geld mit Scheffeln massa.

Honigschnieta, doß se klecka
doß ma mecht die Finger lecka.
Teege Berna, walsche Nisse,
gaale Aeppel zuckersisse.

Frassa wern mer wie de Ferschta
Sauerkraut mit Laberwerschta.
Fleesch und Tunke, Kließla miete
und an gutt geschmierte Schniete.

Nisse krieg mer ganze Scheffel,
Putter frass' mer mit'm Leffel.
Doa gibts ollerbeste Quärge,
hiecher wie de Glätzer Berge.

Koffee hoot's egoal zu schloppern,
Wie warn doo die Weiber ploppern.

Der Text dieses Liedes ist sehr alt. Er gehört zu den ersten Mundarttexten, die überhaupt aufgeschrieben wurden, das ist so etwa 400 Jahre her. Man berichtet auch nur vom Brot, das es ausreichend zu essen gibt.

Hasenpain schlesische Art

Woher meine Mutter die besonderen Rezepte hatte, die sie gern kochte, weiß ich nicht. Nach der Haushaltungsschule in Breslau war sie noch eine Saison, ca. ein halbes Jahr, in einem Hotel in Bad Salzbrunn zum Kochen lernen; vielleicht hat sie die Spezialitäten von dort mitgebracht. Sie besaß auch ein großes Kochbesteck, das ich als Kind immer bewundert habe.

Dieses „Hasenpain = Hasenbrot" war schon eine rechte Leckerei. In jedem Jahr im Herbst kauften wir auf dem Gut nach der Treibjagd zwei Hasen. Vater zog sie ab und zerlegte sie.

In Buttermilch wurden die Hasen gebeizt; später nahmen wir dafür einen einfachen Rotwein. Dann wurden sie gehäutet und gespickt und in einem großen Topf mit Butter *langsam* geschmort. Gut gewürzt mit ordentlich Pfeffer – „da liegt der Hase im Pfeffer" –, einer Sahnetunke, Blaukraut, dem schlesischen Rotkohl, und Klößen war es eine Köstlichkeit.

Der zweite Hase, der genauso fertig gemacht war, wurde kalt gestellt. Das Fleisch wurde von den Knochen gelöst und durch den Fleischwolf gedreht. Zu diesem Mus kam die fertige Sahnetunke und es ergab einen vorzüglichen Brotbelag. In kleinen Einkochgläsern wurde das Fleisch sterilisiert, um über das Jahr verteilt genossen zu werden.

Aus dem übrig gebliebenen Fleisch des Hasen, dem Hals, dem Kopf, den Bauchlappen und den Innereien, gab es ein vorzügliches, gern gegessenes Gericht: Hasenweißsauer, wir nannten es Hasenklein.

Mit Wurzelzeug wurden die Überreste der zerteilten Hasen gar gekocht, gut gewürzt und mit saurer Sahne und etwas Mehl angedickt. Dazu sind Pellkartoffeln die richtige Zugabe.

Ganz einfach, aber großartig im Geschmack, etwas Typisches, was die schlesische Küche auszeichnet.

Schlesisches Häckerle

Wieder ein ganz einfaches Gericht, das eine schmackhafte Unterbrechung der wöchentlichen Einförmigkeit des Speiseplans darstellt. Zuerst einmal das Urrezept, von dem ich auch nicht abweiche:

Ein Salzhering, 24 Stunden gut gewässert, ausgenommen, Kopf, Flossen und Schwanz entfernt, geschuppt, 125 g fetter Rauchspeck, 125 g Zwiebeln und 125 g säuerlicher Apfel oder gesäuerte Gurke (Liegnitzer Gurke, in Westdeutschland Salzgurke genannt). Die Milch vom Hering gehört dazu – aber nicht der Rogen (er wird bitter). Das alles wird mit Haut und Mittelgräte durch den Fleischwolf mit der groben Scheibe gedreht; es müssen Speck- und Heringsflöckchen zu sehen sein. Mit Senf und etwas Essigessenz abschmecken. Nach 24 Stunden im Kühlschrank zu Pellkartoffeln reichen oder als Brotbelag genießen. (In den Gräten und der Haut, die man mit durch die Maschine dreht, sind wertvolle Spurenelemente enthalten).

Kenner des schlesischen Häckerle bevorzugen, wie ich auch, das ganz alte überlieferte Rezept. Es ist das Rezept, das eine Landfrau aus ihren Vorräten und einem Salzhering herstellen konnte. Salzheringe kosteten noch vor dem letzten Krieg nur Pfennige. Diese bescheidene Hausmannskost liebten Arm und Reich in Schlesien, die Alten und die Jungen.

Seit der Judenemanzipation 1812 war Breslau langsam, aber stetig mit zur größten jüdischen Gemeinde Deutschlands geworden. Breslau war die erste große Stadt für die Zuwandernden aus Osteuropa. Viele dieser wohlhabenden jüdischen Familien hatten Hausmädchen, die von den Dörfern im Land in die große Stadt an der Oder „in Stellung" gingen. Dort lernten sie auch kochen und als Gegengabe brachten die Mädchen ihre Kenntnisse aus der heimischen Küche mit. So kam es, dass eine jüdische Breslauer Familie „ihr Häckerle" schätzte, wenn auch nach eigenen religiösen Regeln bereitet: statt mit Speck mit Butter und Eiern.

Diese Zutaten hätte eine schlesische Bäuerin nie dazu verwendet, denn Butter und Eier verkaufte sie lieber. Aber die Mädchen erzählten von dem „neuen Rezept", die Breslauer Hausfrauen probierten es aus und Breslau hatte sein eigenes Häckerlerezept. Ich fand es in einem jüdischen Kochbuch aufgeschrieben.

So kann es geschehen, dass ein echter Breslauer auch heute bei großen Festlichkeiten nach „seinem Häckerle" sucht, ohne es zu finden. An dieser Stelle sei der goldene Mittelweg empfohlen.

In Breslau gab es zwei verschiedene Häckerle-Angebote: Heringshäckerle im Fischgeschäft und Speckhäckerle in der Fleischerei. Jeder Hersteller mischte natürlich von *seiner* Zutat besonders viel darunter.

Die Mischung mit dem Rauchgeschmack vom Speck ist wohl die Beste. Zu meiner Verblüffung muss ich feststellen, dass in den „Schlesischen Kochbüchern", die man kaufen kann, nur Breslauer Häckerle-Rezepte stehen, mit den Zutaten Eier, Butter und Sahne. Also sind die Verfasserinnen wohl alle aus Breslau. Dann sollte es richtiger „Breslauer Kochbuch" heißen.

Eine Breslau-Anekdote

Wie in der Häckerle-Geschichte erzählt, gingen zwei Schwestern nach Breslau „in Stellung": die erste in eine strengorthodoxe jüdische Familie, die zweite in eine liberalere jüdische Familie. In beiden wurde nach einiger Zeit auch Häckerle gegessen nach dem „neuen" Rezept. Eines Tages seufzte die zweite Schwester tief auf mit den Worten: „Das Häckerle, das die Muttel macht, schmeckt aber v i e l besser!"

Die Hausfrau, die das hörte, meinte dazu: „Dann mach doch mal das Häckerle wie die Muttel!" Gesagt, getan. Und nach dem Essen meinte die Hausherrin: „Ach weißt du, das schmeckt mir ja auch viel besser. Von jetzt an essen wir immer ‚Muttels Häckerle!'"

Buttermilchpfannkuchen

In dem weiten Land des deutschen Ostens und zu einer Zeit als man noch nicht mit dem Auto in Minutenschnelle von einem Ort zum andern kam, hat sich eine besondere Form der Gastfreundschaft herausgebildet, die es so wohl nur dort gab. Sie zeichnete sich durch Bescheidenheit aus, indem man teilte, was gerade da war. Das konnte durchaus „Kerndl-Kaffee" sein und eine Quarkschnitte. Ein Kaffee und etwas zu Essen waren das mindeste, was einem überraschenden Besuch angeboten wurde. Wenn nun gar nichts Besonderes im Haus war, konnten auch einmal Buttermilchpfannkuchen angeboten werden. Sie waren eine schnell fertige Überraschung.

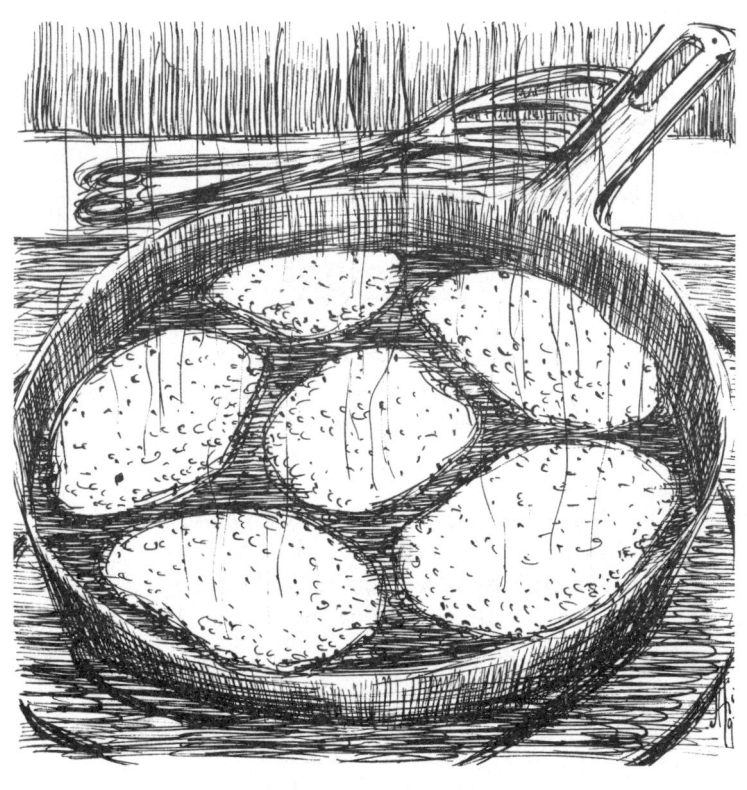

Fett, meistens Schmalz, gab es in jedem Haus, wo geschlachtet wurde, und das taten fast alle Dorfbewohner. Eier hatte auch jeder Haushalt.

Ein ganz schneller weicher Buttermilchteig mit Natron als Treibmittel wurde mit dem Esslöffel abgestochen. In siedendem Fett schwimmend ausgebacken, gut abgetropft, mit Zucker überstreut, waren sie schnell auf dem Kaffeetisch.

Schweinevesper

Kennen Sie das Wort? Es ist eine wunderbare schlesische Einrichtung! Die Schweinevesper wird nicht vorbereitet, sondern sie entsteht spontan. Genauso wird die Mahlzeit auch im Schlesischen Wörterbuch von Walther Mitzka erklärt.

Dazu muss ich eine kleine Geschichte erzählen, die auch noch die Einstellung anderer als schlesischer Leute zu der Schweinevesper zeigt.

Die Familien meiner Töchter waren einfach so zu Besuch gekommen und halfen im Garten. Ich bot dann eine „Schweinevesper" an; sehr gern wurde das angenommen. Es kam alles auf den Tisch, was der Haushalt bieten konnte: Kaffee mit Milch und Zucker, Saft, Kakao, verschiedenes Brot, Butter, Wurst, Käse, eingelegte Gurken, Marmelade, Honig, eben alles, was man am späten Nachmittag mochte. Mein Mann war geborener Westdeutscher, hatte sich aber an die schlesischen Besonderheiten gewöhnt. Als alle am Tisch saßen, kam plötzlich der sture Westfale zum Durchbruch und er fragte: „Habt ihr kein Mittagessen gehabt? Ich dachte, wir trinken nur Kaffee!"

Meine Verblüffung war grenzenlos, denn so hatte ich ihn all die Jahrzehnte nicht erlebt. So stellte ich meinen Kindern und Enkelkindern den gerade durchgebrochenen westfälischen Charme ihres Vaters und Großvaters vor. Er konnte sogar mit darüber lachen! Da waren gerade die Charaktere der Westfalen und der Schlesier zusammengestoßen.

Zu dieser Schweinevesper gehörten in unsrer Familie auch die eingelegten Gurken nach den folgenden Rezepten. Dabei gilt: Wenn der Keller nichts taugt, müssen die Vorräte auf den Dachboden.

Ehestandsgurken

Zu einem gut geführten Haushalt gehörte noch vor einigen Jahrzehnten eine wohl geordnete Vorratswirtschaft.

Dazu gehörten bei meinen Eltern ca. 9 Monate lang gefüllte Tontöpfe auf dem Dachboden, denn der Keller war sehr klein und nicht von bestem Zustand. Also verwahrte meine Mutter ihre eingelegten Obst- und Gemüsevorräte auf dem Dachboden. Da standen dann der Topf mit den Preiselbeeren, die Schüttelpflaumen, die eingesäuerten Gurken (Liegnitzer Gurken), Senfgurken, Scheibengurken, Pfeffergurken, gelegentlich Mixed pickels, Senfbirnen, Honigtöpfe und Sirup- und Schmalztöpfe, eben alles, was für den Winter als Vorrat gesammelt worden war, nebeneinander.

Ich war sehr verblüfft, als uns ein Neuseeländischer Gast vor kurzem erklärte, und er zeigte dabei auf eingelegte Gurken, sie würden zu den Gurken „Girken" sagen. Es stellte sich heraus, dass er einer Bevölkerungsgruppe angehört, die alle mindestens ein deutsches Großelternpaar haben. Diese stammen meistens aus Pommern, aber es gab auch welche mit dem gut schlesischen Namen Nitschke!

Rund um Breslau wohnten die „Kräuter", die Gemüsebauern, die die Großstadt mit frischem Gemüse versorgten. Es waren wohlhabende Leute, ihre Frauen trugen die kostbarsten Hauben Schlesiens, Einstückhauben, die besonders reich bestickt waren.

Bei Wansen waren die Gurkenbauern zu Hause, „die Gurkezwicker" genannt. Sie sprachen einen eigenen Dialekt. Der Kennsatz dazu lautet: „Die Wirzeln der Girke liegen in der Firche."

Senfgurken und Senfbirnen

Ganz schlanke junge Gurken schälen und für 24 Stunden einsalzen. In der Salzlake, die sich gebildet hat, abspülen. In einen geschwefelten Tontopf mit ganzem Pfeffer, Gewürzkörnern, Nelken ohne Köpfchen, vielen Senfkörnern, Zwiebeln in Scheiben oder kleinen, weißen Zwiebelchen, Meerrettichscheibchen, Dill, Estragon und Lorbeerblättern einschichten. Kochendes Essigwasser (1 Liter Essig, 1 Liter Wasser) darüber gießen, mit Cellophan zubinden, in den Keller stellen. Kleine Birnen, in derselben Weise eingelegt, ergeben Senfbirnen.

Die Nelkenköpfchen müssen entfernt werden, da sie auf den Gurken schwarze Flecken hervorrufen.

Scheibengurken

Mein Vater verkündete immer, nur Frauen, die diese Gurken einlegen könnten, dürften heiraten, er nannte sie Ehestandsgurken.

Junge schlanke Gurken schälen, in drei bis vier Stücke schneiden. In einem Tontopf salzen und sofort mit kochendem Essigwasser übergießen. Am nächsten und übernächsten Tag den Essig wieder aufkochen und die Gurken übergießen.

Am vierten Tag die Gurkenscheiben mit Pfefferkörnern, Gewürzkörnern, Nelken ohne Köpfchen, Lorbeerblättern, Senfkörnern, Zwiebeln, Meerrettich in Scheibchen, Dill und Estragon in ein Glas oder einen ausgeschwefelten Tontopf einlegen. Essigwasser mit etwas Salz, auf 1 Liter Flüssigkeit und einem Esslöffel Zucker aufkochen, darüber gießen, zubinden und in den Keller stellen.

Erbsensuppe

Irgendwann einmal wurde ich nach den Essgewohnheiten meines Mannes, des Nichtschlesiers, gefragt. Besonders die Erbsensuppe hatte es den Neugierigen angetan. Ich erklärte also die westfälische Erbsensuppe.

Erbsen über Nacht einweichen. Mit Suppengemüse am nächsten Tag mit der Fleischbeilage – frisches Fleisch oder Spitzbein mit Ohren vom Schwein oder Geräuchertes – weich kochen. Gegen Ende der Garzeit geschälte gewürfelte Kartoffeln zufügen und gut sämig kochen lassen, mit Salz abschmecken.

Es war die Sonnabendmittag-Suppe, weil die Hausfrau an diesem Tage den Haushalt putzen musste.

Verblüfft sagte man mir: „Nein, wir essen sie ganz anders!" Natürlich kannte ich die schlesischen Essgewohnheiten. Erbsen, Bohnen, Linsen ohne Kartoffelzusatz fast als Brei zu essen. Es ist die ganz alte Art, Hülsenfrüchte als Brei zuzubereiten, ehe die Kartoffel als willkommene Zutat in unsere Essgewohnheiten Einzug hielt.

Nur der Nachsatz, der dann kam, erstaunte mich sehr. Ich kenne viele schlesische Sprichworte, nur das hatte ich noch nie gehört: Meine Nachbarin fügte an: „Nee, nee, die Erbsen müssen aso dicke sein, doas sich a poar Schneider druffe prügeln können!"

Diese Formulierung ging mir nicht aus dem Sinn. Ich fragte viele Leute, aber es gab keine Erklärung. Nach vielen Jahren fand ich für die Uckermark die Anmerkung zu dicken Erbsen: „… datt de Läpel darin stief steiht un datt en Schniera (Schneider) darup danzen kann."

Geschehen ist diese Geschichte im schlesischen Niederlande, dem Norden Schlesiens. Die Mundart dieser Gegend stammt zum großen Teil aus dem Niederdeutschen. Die Kolonisten für diese Gebiete brachten neben der Sprache also auch ihre Essgewohnheiten mit, so wie man auch ihr Feldmaß, die vlämische Hufe, akzeptiert hat.

„Sprichworte sind demnach das Gedächtnis der Völker. "

Die Fenixmännchen aus den Rummelsbergen

Ein Knecht, so wird berichtet, der einst den Acker pflügte und sich zur Mittagszeit im Schatten eines Baumes ausruhte, hörte aus der Tiefe des Berges ein Geräusch erklingen, als ob eine Teigschüssel ausgekratzt würde. Zugleich war ein köstlicher Duft von frisch gebackenem Kuchen zu spüren. Den Knecht überkam nach seinem kargen Mittagsmahl eine unbezwingliche Lust nach diesem Leckerbissen und er rief: „Ihr lieben Männlein dort unten, wenn ihr ein Stückchen Kuchen übrig habt, so denkt an mich." Dann legte er sich auf die Seite und schlief ein.

Er erwachte, als ihn die weiche Nase seines Pferdes berührte. Erschreckt über das lange Zeitversäumnis sprang er auf, um seine Arbeit zu beenden. Da sah er im Grase einen frisch gebackenen Streuselkuchen liegen, noch warm vom Ofen und herrlich duftend. „Ihr lieben Männchen", rief er erfreut, „Gott vergelte es euch." Dann ging er rasch an die Arbeit.

Doch diese war schon getan. Das Feld lag in sauberen Ackerfurchen vor ihm und es blieb ihm nur noch übrig, mit Pferd und Kuchen nach Hause zu gehen. Aber vorher rief er den Männchen noch einen herzlichen Dank zu.

Diese Begebenheit erregte ein berechtigtes Aufsehen, und als zur Zeit der Kartoffelernte die dicke, faule Bauerstochter auf das Feld geschickt wurde, erinnerte sie sich an das Glück des Knechtes. Nur um sich nicht zu sehr zu langweilen, klaubte sie zwei Körbe Kartoffeln.

Die Mittagsglocke hatte noch nicht geläutet, da lag sie schon im Schatten, zog ihre Wurstschnitten hervor, aß sich satt und rief dann mit frecher Stimme: „Ihr Kobolde dort unten, glaubt ihr, ich hätte keine Lust auf ein Stückchen Kuchen? Bringt mir rasch etwas herauf, doch legt es nicht auf das Gras, sondern auf mein Tuch, es könnte mir sonst ein Ungeziefer darüber laufen. Was noch auf dem Felde zu tun ist, werdet ihr ja selbst sehen."

Damit schlief sie ein und erwachte erst, als ihr etwas Kaltes, Feuchtes über die nackten Beine kroch. Erschreckt fuhr sie hoch und sah zu ihrem Entsetzen eine dicke Schlange neben ihren Füßen. Eine zweite lag schön gerollt, statt des erwarteten Kuchens, auf dem weißen Tuch.

Auch auf dem Feld hatte sich nichts ereignet, nur die bereits geklaubten Kartoffeln lagen weit verstreut umher. Doch unter dem Tuch fand die faule Bauerntochter später

einen Zettel. Auf diesem war das Rezept für den Streuselkuchen mit der Bemerkung: „Back ihn dir selbst!"

So ist das Geheimnis des schlesischen Streuselkuchens
auf uns gekommen!

Streuselkuchen

Welcher Schlesier kennt den nicht? und das schöne Gedicht von Hermann Bauch?

Schläscher Kucha, Sträselkucha,
Doas ies Kucha, sapperlot!
Wie's uff Herrgotts grußer Arde
Nernd nich su woas gudes hoot.
Wär woas noch su leckerfetzig,
Eim Geschmaak och noch su schien,
leber schläscha Sträselkucha
Tutt haalt eemol nischt nich giehn.

Eigentlich könnte das die Schlesierhymne sein, denn bei
diesem Gedicht sind sich alle Schlesier einig. Bei den übrig
gebliebenen in der Heimat gilt es, und erst recht bei denen,
die gehen mussten und nicht wieder zurück durften.

Ein guter Hefeteig mit Rindertalg als Fettzugabe ist die
Grundlage, die sehr dünn ausgerollt wird. Das Rindertalg bewirkt eine lange Haltbarkeit, ohne dass die
Grundlage trocken wird. Und das weiß heute noch jede alte Schlesierin! Der Streusel aus einem Teil Butter,
einem Teil Zucker und zwei Teilen Mehl wird gut
durchgeknetet, bis er feucht wird. Dann würzt man ihn
mit geriebener Muskatnuss und Zimt, aber nicht ein-
kneten, nur darunter heben. Nachdem man mit einer
Gabel die Unterlage gestochen hat (damit keine Luft-
blasen darunter entstehen), pinselt man Milch darauf
und verteilt den fertigen Streusel darauf. Schön gleichmäßig und bis an die Blechränder!

Denn: Kimmt a raus eim Knusperkleede
Zieht der Duft durchs ganze Haus.
Und aus olla Stubatüra
Gucka weit die Noasa raus.

Prasselkuchen

Kurze Zeit, bevor wir Schlesien verlassen mussten, lernte
ich noch eine ganz hervorragende Abart kennen, die dem
verschmitzten schlesischen Gemüt und dem Erfindungs-
reichtum mancher Frauen zum Lobe gereicht. Das Rezept
erfuhr ich von einer ehemaligen Köchin in jüdischen
Haushalten und später katholischen Pfarrhäusern: Sie erzählte:

„Ach wissen Se, wenn Besuch kam und mir hoatten
goarnischt eim Hause, musste ich Eeback holen. Die Brot-
scheiben wurden mit Putter bestrichen und es kam gutt
gewürzter Streusel drauf, im Backofen mit größter Hitze
gebacken, bis der Streusel braun wurde. Doas hoat ge-
schmeckt!"

Womit sie Recht hatte. Es ist auch ein vorzüglicher Her-
renkuchen. Und wir nennen ihn „Prasselkuchen". Frisch
aus dem Ofen, noch warm oder kalt, er schmeckt immer!

Zur Erklärung, Eeback ist die Vorform vom Zwieback
und ein besserer Teig als Toast. Ich nehme dazu den besse-
ren Buttertoast.

Natürlich hat die schlesische Hausfrau auch sämtliche
Obstkuchen, Mohnkuchen und Quarkkuchen mit Streusel verziert und verbessert. In Oberschlesien macht man
ihn jetzt scheckig, mit einem kleinen Teil mit Kakao ge-
färbtem Sreusel, der zwischen die andern gestreut wird.

Sträselkucha vum Rummelsberge

„Mein Name ist ‚Streuselkuchen‘, das heißt eigentlich: ‚Sträselkucha vum Rummelsberge‘! Ihr meint, das ist zu vornehm? Oh, meine Lieben, ich bin sehr vornehm! Ich kann mich in bester Gesellschaft essen lassen, ich bestehe aus besten Zutaten. Und außerdem bin ich stolz auf den Namen, er erinnert daran, dass ich mitten aus Schlesien stamme. Ein Urschlesier bin ich sozusagen, jawohl, am Rummelsberge, zwischen Breslau und Oppeln, nicht weit von der Oder, hat einer aus meiner Sippe das erste Mal den Backofen verlassen.

Es geht die Sage, die Fenixmännchen hätten uns in die Welt gebracht. Also, das weiß ich wirklich nicht mehr. Ich erinnere mich nur gern, woher ich gekommen bin. Sonst bin ich nämlich ein unternehmungslustiger Vertreter der Gattung Kuchen, ich wanderte mit den Schlesiern in alle Himmelsrichtungen. Zuerst natürlich nach Berlin. Da kamen wir – wie alle richtigen Berliner – auf dem Schlesischen Bahnhof an. Mit den schlesischen Bergleuten aus dem Waldenburger Bergrevier ging ich Anfang dieses Jahrhunderts nach dem Westen.

Dort, im Ruhrgebiet, gibt es zwar einen Vetter von mir, dem gehe ich aber immer aus dem Wege. Er heißt nämlich: ‚Beerdigungskuchen‘! Wenn mir einer von denen begegnet, muss ich weinen. Nicht wegen des Namens, nein! Wenn man den essen will, kriegt man die Maulsperre und die Streusel kann man zählen. Man muss sich schämen, dass so etwas mit unsereinem verwandt ist.

Sonst habe ich dort zwischen Ruhr und Lippe alle möglichen Leute kennen gelernt. Es waren ganz besondere Sachen dabei, d. h. so gut wie ich ist sonst kein Kuchen auf der Welt. Aber wir waren eine ganz fidele Gesellschaft. Und da sind wir dann auch einmal gemeinsam auf Reisen gegangen. Ja, so vor 70 Jahren wanderten wir zusammen mit den polnischen Bergarbeitern und den Soldaten der Ruhrbesatzung nach Nordfrankreich. Wir waren gern gesehen und erhielten sogar neue Namen. So recht weiß ich nicht, soll ich mich darüber ärgern oder soll ich einfach nicht hinhören! Stellt euch vor... Nein!... das kann sich keiner vorstellen, dort nennt man uns einfach: ‚gateaux polonaise‘.

Ja, es stimmt: ‚Polnische Kuchen‘ nach unsern Wandergenossen. Na, also ich habe mich entschlossen, einfach nicht hinzuhören. Schließlich kenne ich selber am besten meine inneren Qualitäten. Ich bin und bleibe auch in einem fremden Land unter falschem Namen der ‚Schläsche Sträselkucha vum Rummelsberge.‘“

Carl Klings aus dem Grottkauer Kreise hat den Wichteln folgendes Gedicht gewidmet:

Dort eim Bargla, dort eim Bargla
Hausa sieba klääne Zwargla.
Daumagruße dicke Wichtla.
Lange Bärte, Bläächgesichtla.
Grooe Kutta, Zippelmitza,
Died’ of grußa Köppa sitza.
Gieht ma naus ons Bargla horcha,
Hiert ma drinne monchmol schnorcha.
Monchmol hiert ma Hammerschwinga,
Monchmol Guld und Silber klinga.
Und doo denkt ma: Ei dam Bargla
Hausa richtig sieba Zwargla –

Sein ihr siebne nich zur Stelle,
Sechse sein’s of olle Fälle.

Klöße, Kließla

Ein echter Schlesier kann ohne Klöße nicht leben.

Mein Vater aß am liebsten drei Mal in der Woche Klöße. Schwierig war das nicht, denn es gibt eine Unzahl von Möglichkeiten.

Zuerst einmal die Getreideklöße, „Mahlkließla" genannt, von Weizenmehl = weeßne Kließla, dann von Gerstenmehl = garschtne Kließla; Grießklöße, Hefeklöße, Semmelklöße.

Man wusste aber auch das „Korn" oder den Roggen zu schätzen, weil er als Brotgetreide benötigt wurde. Und die Bäuerinnen und Hausfrauen verstanden auch „rickne Mahlkließla", also Roggenmehlklöße zu „machen", herzurichten; und solche „rickne Mahlkließla", wie sie in den „Schlesischen Provinzial-Blättern" von 1863 erwähnt werden, gehörten sicher einst zu den bevorzugten Mahlzeiten schlesischer Bauern, insbesondere von der rechten Oderseite, die vor allem Roggen anbauten.

In unzähligen Gedichten besingt der Schlesier „seine Kließla", z. B.:
Kließla, Kließla, Leibgerichte,
Kließla meine liebste Kust.
Weeßne Kließla, weiß und lichte,
Gibts denn no woas bessersch sust?

von Ernst Schenke.

Und der Hans Rößler heiratet nur eine Frau, die „Kließla" kochen kann. Das Taschenmesser heißt der Kließlahengst, und davon schrieb Philo vom Walde. Garschtne Kließla lobt der Robert Steuer.

Mit dem Hans Rößler wollen wir's beschließen:
Denns beste halt – doas soa ich euch
vo insem schläscha Himmelsreich
doas sein und blein de Kließla!

Zu einem guten Braten sind Hefeklöße die Beilage bei einem rechten Feiertagsessen. Was übrig bleibt, wird dann kalt mit Butter oder etwas Süßem zum Kaffee verzehrt.

Seltener sind Semmelklöße in Schlesien. Die Anrainer der schlesischen Gebirge zur Böhmischen Seite, und damit zum alten Österreich-Schlesien verstehen sich besser mit dieser ungewohnten Zubereitung als die Kartoffelbauer der preußischen Seite.

Großmutterklößel

Als zweite Klößel-Gruppe gibt es die mit der Kartoffelgrundlage, deren Rezepte ja „erst" ca. 200 Jahre alt sind, denn so lange gehört die Kartoffel zu der wichtigsten Grundlage unsrer Ernährung.

Gerade an den Klößen kann man aber sehen, wie groß der Ernährungsanteil der Kartoffel geworden ist, denn reine Mehlklöße sind eine Seltenheit geworden.

Kartoffelklöße, mit gekochten Kartoffeln, etwas Salz und Weizenmehl; Polnische Klöße, zur Hälfte mit rohen, geriebenen und gekochten Kartoffeln; Schlesische Klöße, aus gekochten Kartoffeln mit Kartoffelmehl verarbeitet. Die Letzteren werden etwas glitschig.

Dies bedarf einer Anmerkung: Ich glaubte immer, das Kartoffelmehl wäre nur eine Verlegenheitslösung meiner Mutter gewesen. (Wir wohnten auf dem Dorf und konnten nicht einfach alles im Laden kaufen.) Nun, in Oberschlesien habe ich diese Art als „Schlesische Klöße" kennen gelernt. Es sind die kleinsten Klöße, in Kugelform. Die polnischen Klöße, die leicht grün oder grau werden, formt man mit den Händen zu flachen Broteln, damit sie besser durchkochen. Die Klöße aus gekochten Kartoffeln werden entweder mit den Händen zu größeren Kugeln geformt, die man dann noch in der Schüssel durch Herumjagen glättet, oder es wird auf einem Brett eine lange Rolle geformt, die dann schräg zerschnitten wird.

Klößel können sogar Familiengeschichte machen: Meine Großmutter kochte runde Klöße, meine Mutter schnitt sie. Ich koche runde Klöße, meine Tochter schneidet sie lieber. Jeder kocht also seine „Großmutterklöße"!

Vo der „Uufhucketunke und Krentunke"

Als Verfeinerung zu seinen Klößeln kann der Schlesier sich alles vorstellen, was seine Küche hergibt: Braten mit schöner dicker „Aufhucketunke", *das* Sonntags- oder Festessen. Die Soße muss an den Klößen hängen bleiben und macht hübsch rundlich!

Oder gekochtes Fleisch mit Krentunke oder Zwiebeltunke. Petersilie passt auch dazu.

Krentunke oder Meerrettichtunke genannt

Eine Mischung aus Milch und Fleischbrühe wird mit Mehl angedickt, mit Salz und Zucker herzhaft abgeschmeckt. Man nimmt den Topf vom Feuer und rührt geriebenen Meerrettich darunter, ganz nach Geschmack. Nicht mehr kochen!

Klößel und ausgebratener Rauchspeck geht über alles!

Auch Obst ist eine willkommene Abwechslung. Frische Blaubeeren, für den Winter in Flaschen konserviert, Birnentunke oder Pflaumenmustunke – Flaumaschmootsche – genannt. Backobst spielt nicht nur im Winter eine große

Rolle; denn das Leibgericht „Schlesisches Himmelreich" ist das ganze Jahr über willkommen.

Übrig gebliebene Klößel werden besonders gern in der Pfanne in etwas Fett goldbraun gebacken und zum Abendbrot gereicht.

Frische Pfifferlinge, mit Klößen angerichtet, sind damals wie heute eine Delikatesse.

Klöße, Schweinebraten und Sauerkraut

Damit rede ich nun von dem Sonntagsessen der Schlesier.

Es war das Festessen. Der Schweinebraten hatte durchaus Varianten. Eine sehr beliebte Form war der Schwärtelbraten.

Dazu nahm die Hausfrau Fleisch von einer Keule mitsamt der Schwarte. Diese wurde mit einem scharfen Messer in feine Streifen geschnitten. Manche schoben den Braten, gut gesalzen, gleich mit der Schwarte nach oben in die Röhre; andere legten den Braten auf die Schwartenseite und garten ihn erst mit Wasser, um ihn danach ordentlich zu bräunen.

In der ostoberschlesischen Stadt Bielitz nannte man die Tuchmacherfamilien spottend „Schwartlige", weil dieser Schwärtelbraten so begehrt war. Sonntags wurde reihum in nur einer Familie der Backofen geheizt und die Nachbarschaft brachte ihre Schwärtelbraten dorthin. So war jede Familie nur alle paar Wochen einmal dran, die andern konnten in die Kirche gehen.

Schälklöße, Backobst

Dann gab es noch Schälklöße. Sie wurden auch Schlitzchen genannt. Es war ein Nudelteig, der mit Butter bestrichen und geriebener Semmel bestreut, in drei Zentimeter breite Streifen gewickelt und schräg geschnitten wurde. Das sollte in Hammelfleischbrühe gekocht werden. Die Abart, mit zerlassener Butter, Grieß und Petersilie, in Rind- und Schweinefleischbrühe gekocht, ergibt ein ergiebiges Eintopfessen.

Zu den Schälklößen gab es den Zusatz:
„ka Assen für arme Leute!"

Zur einfachen Küche unter der Woche gehörten Obsttunken und -suppen, nahrhaft gemacht durch Grießklöße, Hefe- und Semmelklöße.

Zum Backobst ist zu sagen, dass es seinen Namen zu Recht hatte. Nach dem Brot- und Kuchenbacken wurde nach der Obsternte das sorglich verlesene Obst, Birnen und Pflaumen, auf Blechen in den noch warmen Ofen geschoben und darin getrocknet. Äpfelspalten wurden auf Fäden gezogen und an der Luft getrocknet.

Dieses Backobst hatte noch einen anderen sehr wichtigen Verwendungszweck. Zum Flachsspinnen wurde es als „Netze" verwendet. Beim Spinnen befeuchteten die Frauen den Daumen mit etwas Speichel, damit sich der Faden besser bildete. Dabei konnte einer Spinnerin schon der Speichel ausgehen. Getrocknetes Obst regte den Speichelfluss sehr an, wenn man es in die Backentasche schob.

Die schlesische Küche ist durch die Jahrhunderte andauernde Herrschaft der Böhmen und der Habsburger über das Land im Essen dem Süden verwandt.

Oft kamen die besitzenden Familien von dort, und ihre Bediensteten aus Schlesien lernten bei ihnen die Wiener Küche kennen, die durch die Person der böhmischen

Köchin bedingt war. Schon einmal habe ich von diesem Umweg eines Gerichtes berichtet.

Außerdem lieben die Schlesier Mehlspeisen; voran Mehlsuppen und Eierkuchen. Süße Nachtische gehören fast zum täglichen Essen.

Gerade bei den „Leckerfetzigkeiten" haben die böhmischen Köchinnen einstmals Pate gestanden: Dampfnudeln, Apfelklößel, Pflaumenklößel, Quarkklatscherl oder die schnellen „Armen Ritter"!

Und nun noch eine Geschichte:

Klöße und ein polnisches Wörterbuch!

Das ist eine lange Geschichte, sie beginnt im Mai des Jahres 1935. Damals war es üblich, dass das preußische Kultusministerium die jungen Lehrer einsetzte, wie sie gebraucht wurden. Da erhielt so ein hoffnungsvoller Lehramtsanwärter seine Versetzung aus dem Ruhrgebiet nach Schlesien, nach Kurtwitz im Kreise Strehlen. Im Reisebüro machte man ihm nicht viel Hoffnung. Die Fahrkarte verkaufte man ihm nur bis Breslau, da müsste er weitersehen. Im Übrigen solle er lieber ein polnisches Wörterbuch mitnehmen!

Dieser Auftakt war nicht erhebend. So fuhr das arme Opfer ostwärts. In Breslau war der nächste Zug nach Strehlen natürlich schon abgefahren, als er endlich mit der neuen Fahrkarte auf dem Bahnsteig 5 außerhalb der Halle ankam.

So ging er also in die Stadt, die Taschenstraße entlang, um im Lokal „Zum alten Weinstock" zu Mittag zu essen. Die Speisekarte bot als erstes Gericht Schweinebraten, Sauerkraut und Klöße.

Auf die Frage, wo denn die Kartoffeln blieben, antwortete der Ober entsetzt: „Aber Sie haben doch Klöße!" Vielleicht waren die Klöße damals etwas zu weich geraten oder

der Westdeutsche konnte damit nicht umgehen? Sie blieben ihm im Gaumen hängen.

Am Nachmittag ging es weiter nach Kurtwitz, Kreis Strehlen, und so gegen 17 Uhr – nachdem er immerhin schon 18 Stunden unterwegs war, klingelte der junge Mann an der Haustür des ersten Lehrers in Kurtwitz. Er hatte nur eine Aktentasche bei sich und die Frau des Lehrers sagte auch prompt, als sie ihn an der Tür sah: „Wir kaufen keine Bücher!" Und die Tür war zu! Nach nochmaligem Klingeln – denn schließlich stand in seiner Stelleneinweisung, er hätte sich beim ersten Lehrer zu melden – und auf die Frage: „Was, Sie sind ja immer noch da?" konnte er endlich sagen: „Ich bin doch als Lehrer hier eingewiesen worden!"

Darauf kam die beinahe klassische Antwort in Schlesien: „Warum haben sie das nicht gleich gesagt? Kommen sie rein, wir trinken gerade Kaffee!"

Zu dieser Begebenheit ist jene Zeit zu erklären. Die Nazis hatten viele Lehrer entlassen. Diese versuchten nun ihre Familien zu ernähren und gingen für die Lehrbuchverlage als reisende Verkäufer durchs Land. Deshalb kam das Missverständnis mit der Aktentasche auf.

Für die erste Nacht in seinem ersten Schulort, dem noch viele Nächte und Schulorte in Schlesien folgen sollten – er kam geradewegs von der Akademie –, bekam er ein Zimmer bei einem Bauern, für den ersten Tag wurde er dort auch verpflegt.

Nach dem ersten Schultag, an dem ihm auch gleich noch der Begriff „Lerge" über den Weg lief – „Herr Lehrer die Lerge hat Lerge zu mir gesagt" –, kam er mittags ziemlich abgekämpft im Bauernhof an. Die Bäuerin empfing ihn mit den verheißungsvollen Worten: „Heute gibt es unser Festessen: Schweinebraten, Sauerkraut und Klöße!" Der neue Lehrer hatte leise Bedenken wegen seiner ersten Erfahrung damit.

Ihm wurde ein Zimmer im Dorf besorgt, bei der ehemaligen Gutsköchin mit ihrem Mann. Sie wollte auch die Verpflegung übernehmen.

Am zweiten Schultag, der schon wesentlich besser verlief – er hatte sich auch schon an das Schulzimmer in der Zuckerfabrik gewöhnt –, erwartete ihn Frau Neumann mit der freudigen Nachricht, ihm zu Ehren gäbe es Schweinebraten, Sauerkraut und – Klöße! Das war für einen Westdeutschen nun doch zu viel. Er wusste ja nicht, dass ein richtiger Schlesier mindestens drei Mal – aber auch sieben Mal, wenn es nicht anders ging – in der Woche Klöße essen konnte.

Er aß dann lange Zeit nur noch Salzkartoffeln.

Als er dann zu Weihnachten 1936 zum Gänsebraten Salzkartoffeln verlangte, fiel er fast bei der Familie seiner zukünftigen Frau in Ungnade wegen der Entweihung des Weihnachtsbratens!

Darüber war später keine Aufregung mehr nötig. Als Wahlschlesier liebte er lebenslang Klöße. Und in sein persönliches „Schlesisches Himmelreich" gehörten immer irgendwelche Klöße, ob Pflaumen- oder Birnenklöße, Klöße mit Speck usw. ...

Aber ein polnisches Wörterbuch hat er in Schlesien nie gebraucht!

Es ist merkwürdig, den schlesischen Klößen hat man kein Entstehungsmärchen angedichtet. Warum eigentlich nicht?

Immerhin sagt man manchen Leuten nach, sie würden die Klöße in kaltem Wasser zum Kochen auf den Herd stellen! ...

In der Meinung der Schlesier bedeutet das die größte Dummheit, die je ein Mensch begehen kann!

Dazu nun die Krönung:

Schlesisches Himmelreich

Klöße und Schlesisches Himmelreich gehören nun mal zusammen.

Über Jahrhunderte – oder waren es Jahrtausende? – gab es in jedem Haushalt Räucherfleisch, es war ja eine praktische Vorratshaltung. Und Obst zu trocknen war die einzige Möglichkeit, es übers Jahr haltbar zu machen Die Glaskonservierung ist erst im letzten Jahrhundert entdeckt worden, die Trocknung vom Obst war die beste Methode, es übers Jahr als Vorrat aufzuheben. Und daraus entstand das Kochrezept für das „Himmelreich". Denn der Rauchgeschmack und die süße Säure des Trockenobstes geben die besondere Geschmacksnote. Und gebunden wird der Sud mit dem schlesischen Mächselfett.

Versuchen Sie es einmal!

Rauchfleisch in kaltem Wasser zum Kochen ansetzen und weich kochen. $1/2$ Stunde vorher das eingeweichte Obst dazutun. Die fertige Kochbrühe mit einer Einbrenne andicken. Dazu Klöße, kleine Kartoffelklöße oder Semmelklöße reichen.

Gibt es denn überhaupt etwas Besseres?

Quarkplinsen aus dem Riesengebirge

Ein Pfund trockner Quark, 4 Eier, 8 Essl. Weizenmehl, 4 Essl. Wasser oder Buttermilch.

Wasser, Eier und Mehl mit einer Prise Salz verquirlen und etwa eine Stunde mit dem zuletzt darunter gerührten Quark „anziehen" lassen. In der Pfanne mit erhitztem Fett – Schweineschmalz oder Biskin – je zwei Esslöffel Masse, ca. 1 cm hoch, langsam durchbacken. Nicht zu dunkel werden lassen. Zuckern und zu einem Tippel Kaffee genießen – vorzüglich! Und dazu Preißelbeeren!

Beegla oder Schaumbrezeln

Das schlesischste aller Gebäcke zu dem schlesischsten aller Feste: die Fastenkringel oder Brezeln, die zum Sommersingen sein mussten!

Schon im 14. Jahrhundert werden die „Fastenbeegel" – auf der andern Oderseite „Schaumbrezeln" genannt – erwähnt.

Es handelt sich sicher um eine Fastenspeise der katholischen Kirche und sie ist sicher auch aus einer Klosterküche gekommen, ein Gebäck nur aus Mehl, Eiern und wenig Süßigkeit. Sie schmecken ausnehmend gut, insbesondere, wenn sie in der Erinnerung an freudige Kindertage in der Heimat gegessen werden.

Die Niederschlesier müssen sie schon immer gern gegessen haben, denn sie behielten diese Fastenspeise auch bei, als sie der katholischen Kirche mit ihren besonderen Vorschriften für die Fastenzeiten den Rücken kehrten während und nach der Reformation.

Wahrscheinlich waren diese Kringel oder Brezeln schon so fest mit dem Brauch des Sommersingens verbunden, dass man sie gar nicht mehr als Fastenspeise erkannte.

Das „Sommersingen", früher „Winteraustreiben" oder „Todaustreiben" genannt, ist ein alter deutscher Brauch, um das Jahr 1000 entstanden. In der Pfalz, dem Entstehungsgebiet dieses Brauches, wird auch heute noch der „Sommertag" gefeiert. Und auch dort gibt es dazu besondere Liedchen und Gebäcke – wie in Schlesien.

In Oberschlesien wird noch heute der Winter ausgetrieben, allerdings ohne die deutschen überlieferten Lieder. Und auch Beegla werden dort nicht gebacken.

Mit den deutschen Ostsiedlern des Mittelalters wurde der Brauch weiterverbreitet. An dem Vorhandensein dieses Brauches konnten noch lange Zeit die Siedlungswege markiert werden, die westdeutsche Menschen gezogen waren. Es gibt von dem schwedischen Volkskundler Waldemar Liungmann eine große Dokumentation darüber. Er gab ihr den Titel „Brauchtumswanderung vom Rhein zum Jennissei".

Der Brauch hat sich auf dieser langen Reise auch kaum verändert. Man schmückt Bäumchen und singt dafür geschaffene Liedchen. Und die Kinder bekommen einen Dank dafür, dass sie den Winter beendet haben.

Ausschlaggebend war, dass nach einer langen, sehr ungemütlichen Jahreszeit die von allen herbeigesehnte Sommerzeit begann.

Dieser Brauch hatte sich in Schlesien so festgesetzt, dass dazu auch viele ganz unterschiedliche Sommerbäumel oder Sommerstecken geputzt wurden. Ich habe allein 26 verschiedene Formen aufgenommen. Und bis 1944 wurde fest und unerschütterlich an diesem Brauch festgehalten, obwohl die Nationalisten versuchten, ihn zu verbieten.

Der beste Dank für die Bemühungen der Kinder, den Verwandten und Nachbarn freudig und fröhlich den Sommer anzukündigen, war die Beschenkung mit den begehrten „Beeglan" oder „Schaumbrezeln".

Nie wurden sie im Hause gebacken, sondern man holte sie beim Bäcker. Es ist auch ein sehr schwieriges Rezept mit vielen Arbeitsgängen. Leider werden es immer weniger schlesische Bäcker, die diese Spezialität noch backen können. Beegla oder Brezeln zu einer Tasse Kaffee oder heißer Milch ist wirklich durch nichts zu übertreffen.

Schaumbrezeln oder Beegla

3 Eier, ungetrennt, 80 g Zucker, $^1/_8$ l Milch, $^1/_2$ Päckchen Vanillinzucker, 400 bis 500 g Mehl, kochendes Wasser. Zucker und Eier werden in 30 – 40 Minuten schaumig geschlagen. Milch, Vanillinzucker und so viel Mehl werden dazugegeben, dass ein nicht zu fester, sich rollen lassender Teig entsteht. Es werden aus dünnen

Teigrollen Brezeln geformt, die auf bemehltem Blech übertrocknen müssen. Die Brezeln werden in kochendes Wasser gegeben (flaches Gefäß mit großer Oberfläche, etwa einer Bratpfanne), in dem sie erhitzt werden, bis sie aufschwimmen; sie werden mit einem Schaumlöffel herausgenommen, für zwei Stunden in kaltes Wasser gelegt. Über Nacht bleiben sie zwischen feuchten Tüchern liegen. Sie werden am nächsten Tage auf unvorbereiteten Blechen bei schwacher Hitze hellbraun gebacken. (Sie gehen dabei stark auf und werden glatt.)

In den 30er Jahren bekam ein junger Westdeutscher von einer Schlesierin einen Rucksack und 2,– RM mit der Bitte, beim Bäcker in der nächsten Kleinstadt Brezeln zu holen. Er staunte über das Verhältnis zwischen Rucksack und den 2,– RM. Noch erstaunter war er dann, als er für diese 2,– RM einhundert Brezeln heimbrachte. Sie kosteten das Stück 2 Pfennige!

In dem Rezeptbuch von Salzia Landmann: „Koschere Kostproben" ist ein Gebäck verzeichnet, *Bejgl*, das unserm schlesischen Rezept sehr verwandt ist. Jedoch wird mit Hefe gebacken und es kommt Öl in den Teig. Der Herstellungsprozess ist jedoch der gleiche. Wenn man an die vielfältigen Berührungspunkte der Schlesier mit Mittelosteuropäern in den langen 800 Jahren denkt, in denen sie nebeneinander gewohnt haben, ist eine Verwandtschaft zwischen jüdischer und schlesischer Küche schon denkbar.

Und auch aus dem Mittelhochdeutschen und aus der schlesischen Mundart sind Lehnworte in die polnische Sprache gewandert. Das wäre auch für das Jiddische möglich.

Martinihörnchen

Es gab in Schlesien noch ein Gebäck, das sich vom Anlass des Entstehens gelöst hatte: die Martinihörnchen. Martini war in Schlesien kein Gedenktag mehr. Man kannte den Tag noch als Steuertag in früheren Jahren. Im 19. Jahrhundert war er noch sehr wichtig, an dem Tag mussten viele Abgaben entrichtet werden, eben auch in Form von Gänsen. Man aß gern Martini-Gänse. Und die Bäcker in den Städten buken Martinihörnchen: ein Hefegebäck mit einer Füllung darin. Die Bäckereien Breslaus hatten ihre Schaufenster an diesem Tag mit den frischen, sehr appetitlichen Hörnchen dekoriert.

500 g Mehl, 40 g Hefe, $^1/_8$ l Milch
80 g Butter oder Talg, 80 g Zucker, 1 Ei,
75 g Butter zum Bestreichen.
Zum Füllen: 175–200 g Zucker, 75 g Sultaninen, 150 g Korinthen, 75 g Mandeln oder Nüsse, Eigelb zum Bepinseln, 25 g Mandeln zum Belegen, Zuckerguss von 150 g Puderzucker, 3 bis 4 Esslöffel Wasser.
Der aufgegangene Hefeteig wird nach der Anzahl der zu formenden Hörner in Stücke geteilt. Jedes wird zu einem Rechteck von 1 bis 1$^1/_2$ cm Dicke ausgerollt, mit Fett bepinselt, mit dem entsprechenden Anteil der angegebenen Zutaten bestreut, zusammengerollt, zum Horn geformt, mit vorbereiteten Mandelhälften verziert. Die aufgegangenen Martinihörnchen werden mit Eigelb bepinselt, in 20 bis 25 Minuten gebacken und noch heiß mit Zuckerguss bepinselt.

...und nun die Gänse

Man aß in Schlesien gerne Gänse. Im Herbst, wenn sie "reif" waren, d. h. wenn sich die Federn leicht auszupfen ließen, aß man die ersten, die andern dann um Weihnachten. Gänse waren in Schlesien Federproduzenten, deshalb legte man Wert darauf, reife Federn zu erhalten. Die Gänse wurden zum Braten gern mit Äpfeln gefüllt. Im letzten Jahr daheim füllten wir unsre Gans mit Holzäpfeln, da wir keine andern hatten. Das war die beste Füllung einer gebratenen Gans, die ich je gegessen habe. Für das Blaukraut nahm meine Mutter auch gern statt der Äpfel Quitten. Das war ein Ersatz, der ausgesprochen delikat war.

Grüner Salat, die Sulloate

Im Sommer waren in den Bauerngärten lange Beete mit grünem Salat. Man pflanzte sie an den Rändern der Beete, abwechselnd mit Oberrüben (Rüben, die über der Erde wachsen, eben „oben", auch Kohlrabi). In der Mitte der Beete wurden in einer Furche mit Hühnerdung Gurken gesteckt. So war das Beet für den ganzen Sommer genutzt. Besonders eindrucksvoll waren dann die langen Reihen dicker grüner Salatköpfe. Sie wurden gern und in großen Mengen verzehrt. Bei so breitem Angebot war man natürlich wählerisch und nahm vor allem die hellen, fast gelblichen Innenköpfe der Salatpflanzen. Das Übrige erhielten die Gänse und Hühner, die auch schon darauf warteten. Oft wurden die Salatstrünke fortgeworfen, es gab aber auch Gegenden, wo man die geschälten Salatstrünke fein geschnitten zu den Blättern mischte.

Und dann kam es auf die Tunke an: ganz einfach und schnell, Essig, Öl, Salz, wenig Zucker. Die Bauersfrauen nahmen statt des Öles ausgebratene fette Rauchspeckgrieben; oft verwendete man saure Sahne dazu, auch Buttermilch war gut.

An Kräutern war alles möglich, am liebsten Schnittlauch; aber auch alle andern Kräuter aus dem Garten wurden genommen, und das „Neunerlei" wurde dabei nicht vergessen.

Man wartete im Frühling auf die Gewürzkräuter: Liebstöckel, Petersilie, Estragon, Sauerampfer, Pimpinelle, Pfefferminze, Zitronenmelisse, Schnittlauch, Porree und was es sonst noch so gibt.

Gerade bei den Kräutern liebte man in Schlesien diese Vielfalt und den daraus entstehenden Geschmack. Man schnitt Boretschblätter ganz fein, das gab einen gurkenähnlichen Geschmack.

Mit wenig Zucker nimmt man dem Essig die Schärfe, weil Salz, Zucker und Essig sich neutralisieren. Aber gerade in Schlesien waren auch die „süßen Salate" beliebt, wie man sie heute noch um Berlin und in Norddeutschland findet. Der bäuerliche Mensch liebte mehr das Herzhafte.

Erst in der Kriegszeit erhielten viele Leute den ärztlichen Rat, doch die grünen Blätter der Salatpflanze mitzuessen. Den Älteren wollte das nicht schmecken, denn was der Bauer nicht kennt, isst er nicht.

In den Kriegsjahren gab es auf den Dörfern viele Dinge nicht zu kaufen. Und wenn dann das Wetter nicht mitspielte, konnte es geschehen, dass es sehr spät erst den beliebten Salat gab.

Unsre Familie behalf sich dann mit Wildsalat. Wir aßen gern Löwenzahnsalat, so ging ich mit meinem kleinen Sohn jeden Tag Löwenzahn suchen. Mit der schlesischen Besonderheit – dem ausgebratenen Speck sehr heiß über den Löwenzahn gegossen – war der Wildsalat eine wahre Köstlichkeit; und wir wussten nicht, welchen guten Dienst wir damit unsrer Gesundheit angedeihen ließen. An den leicht bitteren Geschmack haben wir uns schnell gewöhnt. Der Erfolg war, dass wir ganz intensive Blutfarbstoffe hatten, über die die Ärzte nur staunen konnten.

Pilze, Pilze!

Rute Pilze, gale Pilze,
Steenpilze, Herrnpilze,
Braune Pilze, schworze Pilze,
Eechpilze, Groaseschwoppa,
Lange Stiele, runde Koppa,
Rute Reska und oo griene
Find ich drinne eim Gehilze,
Iech, die Pilz-Karliene.

So beschrieb Ernst Schenke, unser Mundart-Klassiker, das reiche Pilzangebot unsrer Wälder. Aber die Wiesen und Weiden hatten es auch in sich.

Jeden Herbst gab es diese reichliche Ernte und jeder kochte sie so, wie er mochte. Wir schworen auf saure Sahne. Aber auch Suppen mit Grünreizkern, auch Grünlinge genannt, aus den Babiguren (den Altweiberbergen) in der Heimat meiner Mutter, aßen wir gern. Gelegentlich gab unser kleiner Wald auch mal Pfifferlinge her, aber das war sehr selten.

In den Waldgegenden, insbesondere im Gebirge, hatten die richtigen Pilzsucher größere Ausbeute. In die Pilze ging man früh am Morgen, damit man sie taufrisch ernten konnte.

Und dann wurden sie in Butter oder Speck geschmort, mit Kümmel oder Zwiebeln zubereitet, oder es gab saure Sahne dazu. Reizker wurden als Suppe genossen. Begehrt waren die Steinpilze und wurden gern verkauft. Die konnten auch in Scheiben geschnitten, paniert und gebraten werden.

Da hütete auch jeder Einheimische das Geheimnis, wo es so was Gutes zu finden gab.

Für die pilzlose Zeit trocknete man die Ernte, auf Fäden gezogen, in der frischen Luft. Pilzgirlanden waren keine Seltenheit. Damit wurden Kartoffelsuppen u. a. geschmacklich verbessert.

Unsre Heimat Schlesien verwöhnte uns.

> Ritz und ratz und ratz und ritz,
> Ei die Stoadt marschier ich jitz.
> Durt muuß iech mich siehr verwandeln,
> Feelscha muuß iech durt und handeln,
> Immerfurt mei Sprichla soan:
> Pilze, war wiel Pilze hoan ?
> Rute Pilze, gale Pilze,
> Steenpilze, Herrnpilze,
> Braune Pilze, schwoarze Pilze,
> Eechpilze, Groaseschwoppa,
> Lange Stiele, runde Koppa,
> Rute Reska und oo griene
> Find iech drinne eim Gehilze,
> Iech, die Pilz-Karliene.

Fische, Fische, Karpfen

Natürlich konnte man in den großen Städten Seefisch kaufen. Auch in Breslau war die „Nordsee" vorhanden und der Räucheraal zu Weihnachten wurde dort geholt, denn auf dem flachen Land kannte man nur Salzheringe, Räucherheringe, manchmal Bücklinge oder Sprotten.

Sonst aß man Süßwasserfische, Hechte, Schleien, Karpfen. Letztere immer zu Weihnachten. In Schlesien gab es die großen periodischen Teiche bei Militsch und in Oberschlesien bei Falkenberg. Militsch lieferte $^{1}/_{4}$ der deutschen Karpfenernte.

Periodische Teiche wurden künstlich angelegt in sumpfigen Gegenden, in denen keine normale Landwirtschaft möglich war. Die Teiche wurden im Frühjahr bewässert und mit Fischbrut besetzt.

Im Herbst wurde abgefischt, die jungen Fische kamen in kleine Teiche und der abgelassene Teich wurde geackert, eingesät und gedüngt. Der Winterfrost reinigte den Teichboden. Im Frühjahr wurde er wieder aufgefüllt und die Fische kamen zurück. Zwei- und dreijährige Karpfen wurden verkauft.

Seit der ersten Besiedlungszeit gab es in den schlesischen Dörfern Fischteiche. Die christliche Kirche mit den gebotenen Fastenzeiten sorgte dafür, dass in den Dörfern Fischteiche angelegt wurden. Viele dieser Teiche sind nach 1800, der Zeit der Bauernbefreiung, wieder zu Ackerland geworden. Auf Flurkarten und in den Gemarkungen konnte man die Überbleibsel noch feststellen.

Durch die reiche Ernte, die sich in den Teichwirtschaften ergab, waren im ganzen Land Süßwasserfische zu kaufen.

Als überliefertes Weihnachtsessen gilt für Schlesier „Karpfen in polnischer Tunke". Diese „polnische Tunke" war eine Bier- und Pfefferkuchentunke. Sie konnte auch mit Würsteln oder Kalbfleisch gegessen werden. Aber zum Weihnachtskarpfen gehörte sie unbedingt.

Polnische Tunke

Wurzelwerk und alles Suppengrün, auch Pastinakenwurzeln, Zwiebeln und Gewürze werden weich gekocht, durch ein Sieb gedrückt und mit hellem und dunklem Bier aufgefüllt. Man bröckelt Pfefferkuchen (in Schlesien gab es Fischpfefferkuchen, alte Printen sind auch gut) in die Tunke, bis die richtige Sämigkeit vorhanden ist, schmeckt mit Salz, etwas Zucker, etwas Essig ab und lässt auf der Tunke Butterflöckchen zergehen. Die Oberfläche muss glänzen. Dann kann man die Karpfenstücke ganz langsam darin garen oder die Tunke zu Karpfen blau reichen.

Der Karpfen gehört zu den traditionellen Weihnachtsessen Schlesiens. In früheren Zeiten, als Weihnachten eines der großen Jahresfeste war, musste die Speisekarte neun verschiedene Gerichte für den „Heiligen Abend" aufweisen. Dazu gehörte Hanf, Hirse und Mohn, der Karpfen mit dem Rogen, alles Fruchtbarkeitssymbole für das nächste Jahr. Und noch heute tragen Schlesier Karpfenschuppen im Geldbeutel, damit das Geld nicht ausgeht!

Eine weitere schlesische Spezialität, die man auch heute noch in Westdeutschland bekommt, sind die Weihnachtsbratwürstel. Sie werden nur zu den beiden „Heiligen Abenden" hergestellt. Es sind Kalbfleischwürstel, und jeder Fleischer hütet eifersüchtig auch heute noch sein Rezept. Sie werden in Butter in der Pfanne gebraten und mit Apernasterz (Kartoffelbrei) oder Salzkartoffeln und Sauerkraut gegessen. Wer keinen Karpfen isst, der nimmt als Ersatz diese Würstel.

Mohnklößel, Mohbaben, Mohnstriezel

Der Abschluss des Heiligabendessens, Weihnachten wie auch Sylvester – beide Abende waren „Heilige Abende" – war immer eine große Schüssel mit Mohnklößeln. Die konnten verschieden ausfallen, einmal waren es kleine längliche Mehlklößchen (im Volksmund „Gänsestopper" genannt) in viel Mohn, wie in der Militscher Gegend. Das andere Mal war es das folgende Rezept:

Mohn wird gemahlen und mit kochendem Wasser überbrüht. Viel besser schmeckt jedoch gebrühter und mit Zucker vermischter, in einer Mohnschüssel mit einer Reibekeule geriebener Mohn. Beim Reiben muss er

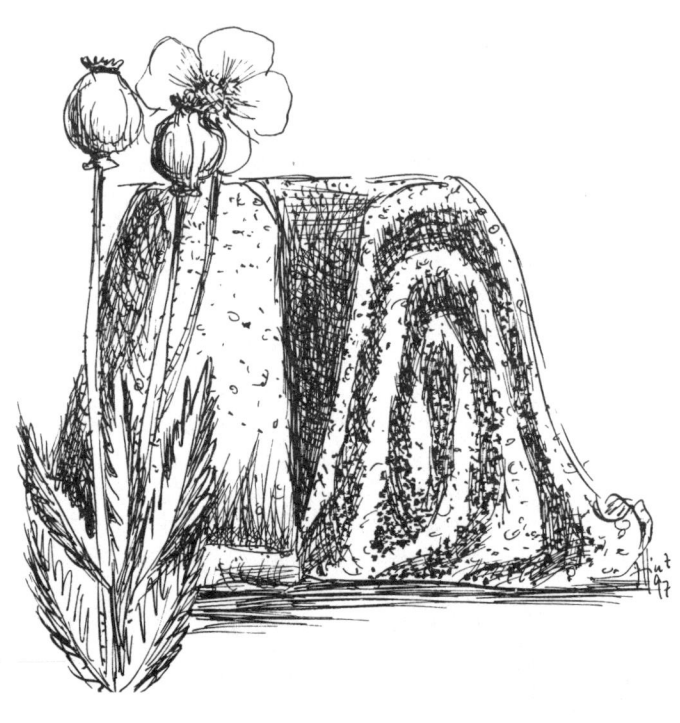

weißlich werden. Alte Semmeln werden in ganz dünne Scheibchen geschnitten. Mit dem geriebenen Mohn werden die Semmelscheiben abwechselnd in eine große Schüssel geschichtet. Der geriebene Mohn hat bereits Zucker. Sonst auf jede Lage Mohn Zucker streuen. Aber das ist Geschmackssache. Es wird fortgefahren, bis Mohn und Semmeln aufgebraucht sind. Wer es besonders gut meint, verteilt geblätterte Mandeln und Rosinen über den Mohn. Dann übergießt man vorsichtig die Schüssel mit kochender, gesüßter Milch. Der Mohn darf nicht beiseite gespült werden. Mehrere Stunden sehr kalt stellen, dann servieren.

Der trockene Mohn wurde in Schlesien durch eine „Mohnquetsche" gedreht, d. h. nicht gemahlen. Es liefen zwei Walzen gegeneinander und die Körnchen wurden gequetscht. Vermutlich war das die Erfindung nach der Reibeschüssel. Denn das Reiben ist kräftezehrend!

Im Jahre 1800 beschreibt Fülleborn im „Breslauischen Erzähler" die Mohnklößel so:

„Bis ein duftender Berg aus mohnbestreutem Geäder hoch sich über die Schüssel erhebt, im kälteren Zimmer abgekühlt und dann mit zuckerndem Staub bepudert. Also pranget ein herrlicher Berg aus felsigen Schichten bei der Schöpfung Beginne geformt, es scheidet die Teile Kies und fester Granit, mit schwarzem Moose durchwachsen, aber den Rücken und Fuß umhüllt der Teppich des Schnees."

Dieser Abschluss des festlichen Essens war eine gute runde Sache. Danach brauchte es eine Zeit, bis die Naschkatzen an die Weihnachtsteller gingen.

Mohbabe

Auch als Kuchen liebte man den Mohn. Und als Babe konnte der Mohninhalt sehr reichlich ausfallen, wenn die Babe in einer Form gebacken wurde. Die Füllung des Hefeteiges, der Mohn, wurde mit Eiern, Mandeln und Rosinen angereichert und die Babe gehörte unbedingt zu den Festgebäcken.

Als in der Kriegszeit die Mohnquetschen unter Verschluss genommem wurden, besann man sich in Bunzlau auf die alte Art der Mohnzubereitung und verfertigte die alten Mohnreibeschüsseln. Sie sind wieder in der Oberlausitz bei einheimischen Töpfern zu bekommen! Ich kann sie nur empfehlen!

Striezel

Außerdem gab es natürlich zu Weihnachten neben dem Festgebäck der Schlesier, dem Streuselkuchen, noch die Weihnachtsstriezel. Sie waren nicht so schwer wie die sächsischen Christstollen, sie wurden in ganz alter Zeit aber für jeden Hausgenossen angemessen hergestellt. So bekam der Großknecht den größten Striezel und der Kühprinz einen weit kleineren.

Und in den Teig zu diesen Striezeln wurde als Fettzugabe eine Mischung von Rindertalg und Butter genommen. Die Schlesierinnen, die Kochbücher geschrieben haben, sind allesamt „Stoadtklecker", sie stammen nicht vom Lande, denn sie kennen diesen schlesischen Hausfrauenkniff nicht.

500 g Mehl, 35 g Hefe, $^1/_4$ l Milch, 100 g Butter und Margarine oder Talg, 100 g Zucker, 1 Teel. Salz, 100 g Korinthen, 100 g Sultaninen, 30 g Zitronat 40 g Mandeln , 75 g Butter zum Bestreichen, Zucker zum Bestreuen.

Der aufgegangene Vorteig wird mit Butter (Talg), Zucker und Salz verrührt, glatt geknetet, die vorbereiteten Sultaninen, Korinthen, das würflig geschnittene Zitronat, die vorbereiteten gewiegten Mandeln werden darunter gemischt. Der in der Schüssel zum zweiten Male gut aufgegangene Teig wird auf einem Brett breit gedrückt, einmal überschlagen. Auf vorbereitetem Blech muss der Striezel ein drittes Mal aufgehen, ehe er in $^1/_2$ bis $^3/_4$ Stunden bei zuerst starker, dann schwächer werdender Hitze gebacken wird. Der heiße Striezel wird mit Butter bepinselt. Die Fettmenge kann bis auf 250 g erhöht werden, dann mit Streu- oder Puderzucker besiebt.

Die Schlesier wünschten und wünschen sich zu Weihnachten: Gesunde Feiertage.

Damit ist auch ein guter Magen gemeint, der all die Leckerfetzigkeiten verdaut, die ihm in diesen Festtagen angeboten werden.

Man sagt dem Schlesier eine gehörige Portion Mutterwitz nach. Treffende Vergleiche und scherzhafte Redensarten in Sprichworten und Volksliedern zeigen die bedächtige Art des schlesischen Humors. Liebevoll nimmt er sich auch des Essens an. Der Text stammt von Karl Rother, der eine Sammlung schlesischer Sprichworte zusammengebracht hat; es sind geschätzte 25000!

Schläsche Frassante

Wosserschnelle, Wosserschnorre, n bormherzige Spittel-suppe hieß ma an Wossersuppe.

Hotts uf dr Fleeschsuppe oabr of dr Worschtsuppe zu wing Feema, do hiß wull: s sahn r meeher nei wie raus. Viel Auga sahn ei de Suppaschissl nei, un uf dr Suppe hoots keene.

Kälberzähne ies Graupe; un Erbsa un Graupa undersomma hieß ma *Schneiderkließla* un Kälberzähne – Tiesch un Bänke oder Kotzahuxt.

Graupasaak heeßt de Graupaworscht.

Pulizeifinger sein Mähren.

Wischhoadarn heeßt ma s Welschkraut. Dodermiete ies de Antwurt zu drklären uf de neuschierige Froge: Wos hommern heute?

Nu, s kleene Tippla eim grußa un Wischhoadarn drinne. Is kunde o heeßa: S kleene Tippla eim grußa un Stirzen nei gebrockt. N andre Antwurt uff de selbige Froge ies: *Schweina gebrotnes Ziegarindfleesch vu Vetter Gootliebas Hunde.*

Schleppkleedr ies Weißkraut, wos de asu zugericht ies wie s Welschkraut.

Baumkrabse sein gebackne Berna.

Schläsches Himmelreich sein gebackne Berna, Rauch-fleesch un Kließla.

Rumfutsch ies ollerhand undersomma, blußig nischt gudes.

Flintasteene sein Kuhlrieba oabr Ardrieba

Schupp-ieber-a-Gottarn ies Kerbspappe.

Langhulztunke ies Pasternaktunke;

Frankenberger Tunke ies geröst Mahl ei Milch gekocht. Ungefähr dosselbe muuß wull au de *Gipsfeifatunke* sein.

Nosse Hoadern woar aaltbackner Oftrkucha, ei Sticke geschnieta un ei Putter gebroota.

Oarme Ritter mit Elend besträt ies a Freitichgerichte. Zwieback oabr Sammelpritscha wern ei Milch getunkt, wu

de Zucker un Ziemt drinne ies, un dernoo ei Putter gebroota. Dunnerwaterwaksstook! Doas schmackte gutt.

Summerkließla sein eim Glätscha Mode. S ies au a Freitichgerichte vu Eearn un Kließlateek. Ubadruffe ies dr
Summer un unda ies dr Winter.
Studentafutter sein Knackmandaln un Rusinka (Breslau).
Grienfutter heeßt ma de Sulloate.
Bei em *gelda* – oaber blinda – Gevottrassa hoots
zwoarsch kee Kindteefa, s ies oabr n orntliche Frassante
oabr n Feete.

Vum lieba Brute a tichtig Sticke ies n *Knulle* oahr in *Ron-
ke;* un zwee tichtige Schnieta sein a poar orntliche *Polma,
Keile, Leesta* oabr *Lotschabratla.*
S *Lachramftla* ies s erste, un a *Brummranftla* ies s letzte
Sticke vom Brute.
Isst der Schlesier verm Opschiede wuls letzte Mool, doo
kriecht a d *Henkerschmohls*t; doa gibts gemeeniglich sei
Leibgerichte.

Mir nannta s au die Heempresche.

Nu da guuda Optiet, ihr lieba Leute !

Inhaltsverzeichnis